FÊTES

CÉLÉBRÉES AU MANS EN L'HONNEUR DU BIENHEUREUX

J.-B. DE LA SALLE

J.B. DE LA SALLE
EdG.

FÊTES

Célébrées au Mans les 22 et 23 Juillet 1888

EN L'HONNEUR DU BIENHEUREUX

J.-B. DE LA SALLE

FONDATEUR DE L'INSTITUT

DES FRÈRES DES ÉCOLES CHRÉTIENNES

« Il y eut un homme envoyé de Dieu,
« Qui s'appelait Jean ».
(*Nativité de S. Jean Baptiste*).

LE MANS

LEGUICHEUX & Cie, IMPRIMEURS-LIBRAIRES

Rue Marchande, 15, et rue Bourgeoise, 16

1888

FÊTES

Célébrées au Mans les 22 et 23 Juillet 1888

EN L'HONNEUR DU BIENHEUREUX

J.-B. DE LA SALLE

FONDATEUR DE L'INSTITUT

Des Frères des Écoles Chrétiennes

I.

Le 21 février dernier, à Saint-Pierre de Rome, dans la magnifique salle de la Canonisation, remplie d'une assistance comme le plus puissant souverain du monde rêverait en vain d'en réunir une pareille à sa cour, un Évêque entonnait le *Te Deum* triomphal.

Et au même instant, comme si elles avaient attendu ce signal, les cloches des trois cent soixante-cinq églises de la Ville Éternelle s'élançaient à grandes volées, mariant toutes les sonorités de leurs voix d'airain dans un chant d'allégresse que scandait et terminait une immense et joyeuse acclamation.

Elles envoyaient du ciel une grande nouvelle à la terre; elles la disaient à tous les vents pour que les vents l'apportent à tous les pays de la chrétienté, et surtout à notre chère France.

Elles chantaient dans la nue :

« *Attollite portas, principes vestras!* Réjouissez-vous, bienheureux du Paradis, qui ètes déjà entrés dans la joie du Seigneur. Réjouissez-vous : Celui que vous attendiez depuis longtemps, Jean-Baptiste de la Salle, vient vous rejoindre, porté par les anges.

« *Laudate Dominum omnes gentes!* Réjouissez-vous, nations de l'Univers; voici que vous avez auprès de Dieu un nouvel et puissant intercesseur.

« *Laudate, pueri, Dominum!* Réjouissez-vous, enfants des peuples chrétiens : Jean-Baptiste de la Salle, qui a élargi pour vous les voies du Ciel et fleuri les chemins de la science, Jean-Baptiste de la Salle vient d'être admis dans la gloire et presque dans les conseils de Dieu, où il plaidera victorieusement votre cause et lui demandera, tous les jours, de répandre abondamment sur vos familles et sur vous la rosée des célestes bienfaits.

« *Et nunc benedicite Dominum!* Redoublez de bénédictions envers le Seigneur et réjouissez-vous, Frères des Écoles chrétiennes, répandus dans les cinq parties du monde. Réjouissez-vous, fils de Jean-Baptiste de la Salle; vous avez maintenant place, en la personne de votre père, à la cour du Roi des Rois. *Ite et docete :* continuez saintement l'œuvre du Fondateur; vous avez devant vous la perspective des plus belles moissons et du salaire promis aux bons ouvriers par Celui qui ne trompe jamais.

« *Lauda, Jerusalem, Dominum!* Et toi aussi, loue le Seigneur et réjouis-toi, noble France, fille aînée de l'Église et soldat de Dieu. Réjouis-toi et sois fière des honneurs rendus à Jean-Baptiste de la Salle dont Reims fut le berceau et dont Rouen garde la tombe. C'est une gloire de plus ajoutée à toutes tes gloires; c'est une victoire aussi, une victoire qui peut être l'aurore et la genèse d'autres victoires. »

Ainsi chantaient les cloches de Rome, avec les Chérubins et les Séraphins, dans la matinée du 19 février dernier, en même temps que la première strophe du *Te Deum* montait vers le Ciel et que tombait le voile qui cachait l'image du Bienheureux Jean-Baptiste de la Salle s'envolant dans la Gloire, sur les ailes des anges.

II

A peine proclamée à Rome, la béatification du Fondateur de l'Institut des Frères des Écoles chrétiennes était déjà connue en France, et accueillie avec des manifestations de joie dont l'Église donna le signal et auxquelles les populations s'associèrent avec un merveilleux empressement, dont il n'est pas inutile d'indiquer ici la cause dominante.

Quelle est-elle cette cause, en dehors du sentiment de fierté et aussi de reconnaissance nationales qui aurait suffi à justifier un tel empressement?

« C'est que, dit fort éloquemment Mgr l'Archevêque « de Lyon, dans sa lettre pastorale, la glorification du « Fondateur des Frères des Écoles chrétiennes arrive au

« moment où elle était le plus à désirer. C'est le moment
« où l'éducation chrétienne des enfants, cette grande
« préoccupation de l'Église notre mère, se trouve livrée
« aux expériences funestes de ceux qui ne veulent pas
« qu'on prie Dieu à l'école, ni qu'on s'occupe même de
« savoir s'il existe ; qui proscrivent de l'enseignement
« les livres où l'on apprend à le connaître, à l'aimer et à
« le servir ; et tout cela sous prétexte d'une neutralité
« impossible à garder et qui, par la logique des choses,
« aboutit souvent en pratique, hélas ! nous n'en avons
« que trop d'exemples, à une impiété ouverte et à
« une hostilité déclarée. Or, c'est à ce moment là
« que le Pape a autorisé solennellement le culte
« public d'un des plus humbles et des plus grands
« instituteurs chrétiens, Jean-Baptiste de la Salle, d'un
« prêtre qui a élevé presque au rang d'un Sacerdoce le
« devoir auguste de former les enfants à la foi et à la
« pratique des vertus chrétiennes, tout en les initiant
« aux connaissances humaines par des méthodes éprou-
« vées et avec une expérience consommée dans l'art
« d'instruire. N'y a-t-il pas là une coïncidence bien
« digne de notre attention et où se reconnaît le doigt,
« l'action de Dieu ? ».

Une autre raison, empruntée à un ordre d'idées peu différent, contribuait encore à faire valoir l'opportunité de la décision du Saint-Siège et à stimuler l'élan des populations vers les sanctuaires où N.N. S.S. les Évêques tenaient à pontifier eux-mêmes en l'honneur du Bienheureux Jean-Baptiste de la Salle et à prononcer son panégyrique.

On parle beaucoup, à notre époque, d'enseignement civique et de patriotisme.

De ce patriotisme. dont notre cher et pauvre pays a tant besoin de retrouver la notion et la pratique, certains hommes se sont mis à revendiquer le monopole et à tenir boutique ouverte. On a vu, aussi, se fonder des Ligues de patriotes, mais il faut croire que le patriotisme de beaucoup de ces bruyants ligueurs est assez singulier, et singulière aussi leur manière de le comprendre, puisque chaque année se produisent des schismes qui dissolvent leurs ligues ou à peu près, comme le temps mine rapidement et renverse bientôt les édifices mal conçus, dépourvus de fondations solides et imprudemment assis sur le sable.

Jean Baptiste de la Salle fut, lui, dans toute l'acception du terme, l'un des plus grands serviteurs de la France, et sa vie et son œuvre ont été éminemment patriotiques. On pourrait presque affirmer que c'est leur caractère distinctif.

Quel était l'état de la France au moment où il conçut la pensée de fonder l'Institut des Frères. A n'examiner que la superficie, tout était gloire au dehors et splendeur au dedans. Et cependant, pour parler le langage d'une autre époque, il y avait « une grande pitié au royaume de France ».

Cette pitié, un prédicateur éloquent, M. l'abbé Pergeline, prononçant le panégyrique du Bienheureux dans la cathédrale de Nantes, la définissait en ces termes :

« Si les hauteurs sociales sont baignées dans la « lumière, les bas fonds sont ténébreux, la multitude « comme infinie des enfants pauvres croupit dans une « ignorance et, par suite, dans une corruption dont il est « difficile d'exprimer l'horreur. Les longues guerres, la « famine, la misère, les entraves imposées au zèle « sacerdotal par des hérésies tracassières et opiniâtres, « ont troublé et ravagé les foyers populaires. Les enfants « s'y multiplient et y croissent, sans que personne « s'inquiète de leurs âmes ou, au moins, réussisse à leur

« venir efficacement en aide. Cependant, si la religion « n'y pénètre pas pour les éclairer et les purifier, de « ces caves, de ces greniers, de ces réduits sortira, tôt « ou tard, une armée de barbares qui mettront à sac « la société, magnifiquement mais follement impré« voyante. »

A quelques traits près, ce tableau d'hier n'est-il pas celui d'aujourd'hui ?

Et l'orateur qui le traçait ajoutait :

« Voilà le mal, voilà le péril. »

Conjurer le péril, remédier au mal, c'était une entreprise patriotique entre toutes, par dessus toutes, une entreprise à faire reculer l'Hercule païen, et à laquelle se dévoua, plein d'espoir dans le succès, l'humble et modeste Jean-Baptiste de la Salle, n'ayant, pour réaliser un si vaste projet, que deux forces : sa volonté et sa foi.

C'est à cette intention qu'il renonça à tout pour établir l'Institut des Frères des Écoles chrétiennes.

« La fin de cet Institut, écrivait-il, est de donner une « *éducation chrétienne* aux enfants ; et c'est pour ce sujet « qu'on y tient les écoles, afin que les enfants étant sous « la conduite des maîtres depuis le matin jusqu'au soir, « les maîtres puissent leur apprendre à *bien vivre.* »

Tout est là.

Apprendre aux enfants à bien vivre, par l'éducation chrétienne, c'est conjurer le péril social et remédier aux maux qui menacent ou affligent la société. C'est enseigner et vivifier le patriotisme, c'est former la jeunesse à la pratique des vertus et des devoirs civiques.

Car la religion est l'intarissable source du véritable et pur patriotisme, de toute morale, de tout enseignement civique. Ce n'est pas seulement le patriotisme que la religion anime et soutient, disait l'orateur précédemment cité, elle seule infuse la vie aux institutions sociales et à ceux qui les personnifient. Au soldat elle donne le dédain de la mort, au magistrat le culte de la justice, à l'homme de peine la patience, fille de l'espérance, à la famille la fécondité et l'honneur, *aux gouvernants le respect de la liberté, aux gouvernés le respect de l'autorité.*

C'est la religion, c'est l'éducation chrétienne organisée par Jean-Baptiste de la Salle qui font les hommes, les citoyens, dont un évêque contemporain burinait le ressemblant portrait de la manière suivante :

« En voilà un qui t'offre son corps, ses bras, ses jam-
« bes et sa poitrine. Tu peux l'envoyer sous la mitraille :
« il mourra, mais ne se rendra pas. Tu peux lui confier
« les plans de campagne les mieux concertés et les
« mieux cachés : il ne les révélera pas. Tu peux lui
« donner les missions les plus délicates : il y mettra
« son cœur, son intelligence, toutes les ressources de
« son esprit ; il pourra succomber à la peine ; il peut
« tout perdre, mais jamais l'honneur. Tu peux lui remet-
« tre la clef de tous tes trésors : il connaît et pratique le
« commandement qui lui dit : *Le bien d'autrui tu ne*
« *prendras.* Tu peux le placer dans les postes les plus
« élevés : il y sera pour te servir et non pour s'enrichir,
« lui et les siens ; il y aurait des millions à ses pieds
« qu'il ne se baisserait pas pour les ramasser. Tu peux le
« présenter à tes amis et à tes ennemis : il sera fidèle à
« son pays comme à son Dieu. »

Monseigneur de Coutances, qui rappelait ces paroles d'un de ses anciens dans l'épiscopat, disait, avant de les rappeler :

« Former, selon notre pouvoir, des hommes, des chré-
« tiens, des patriotes, telle devrait être l'œuvre de qui-
« conque aime ses frères et son pays. Telle est l'œuvre
« des Écoles chrétiennes... »

Oui, telle est l'œuvre, une œuvre nationale, créée par

Jean-Baptiste de la Salle et continuée par sa postérité spirituelle.

Jean-Baptiste de la Salle a contribué et ses successeurs contribuent, suivant l'expression du même prélat, à défendre notre fonds national contre tant de folies qui le menacent et à conserver les qualités qui sont comme notre apanage : l'esprit parfois pétillant et toujours de bon aloi, la simplicité, l'aménité, l'expérience et les traditions du passé entretenues avec un soin jaloux ; le travail, l'honnêteté, la franchise ; et enfin, pour toutes ces grandes choses, une langue digne d'elles, expressive et correcte, pleine de morale et de vérité.

Et cette belle langue, ainsi que le proclamait un autre de ses panégyristes, cette belle langue de la Patrie, Jean-Baptiste de la Salle, par la prodigieuse création de son esprit et de son cœur, a réussi à la faire parler sur tous les rivages de l'univers. Il n'a pas reculé les frontières du territoire de la France, mais il a reculé celles de son influence intellectuelle et morale ; il a aggrandi la Patrie de tout l'amour et de toute la reconnaissance que lui ont conquis ses infatigables fils.

Ainsi s'explique l'enthousiasme provoqué par la béatification de celui dont la vie fut celle d'un saint et l'œuvre d'un grand citoyen, d'un grand patriote, titres trop prodigués aujourd'hui et n'appartenant à nul autre mieux qu'à lui.

Ainsi s'expliquent l'éclat des manifestations solennelles qui ont eu lieu dans tous les diocèses et l'empressement de la foule immense qui se pressait dans les églises pour y prendre part.

III

Aux raisons qui viennent d'être énumérées, il serait facile d'en ajouter d'autres et de nombreuses, dont deux seulement paraissent à retenir ici.

Il fallait voir dans l'affluence inaccoutumée des fidèles au pied des chaires du haut desquelles les orateurs sacrés allaient glorifier le Bienheureux Jean-Baptiste d· la Salle un acte de reconnaissance et une revendication, un hommage rendu aux saines et véritables doctrines de la *gratuité* et de l'*obligation* de l'enseignement populaire.

Un peu de lumière sur ce point.

· \ entendre certains hommes, à lire certains journaux, on pourrait croire que la gratuité et l'obligation de l'enseignement primaire sont un progrès moderne, une invention contemporaine brevetée et exploitée au profit et pour la plus grande gloire de la raison sociale Paul Bert, Jules Ferry et Ce.

Mensonge, dans la bouche de la plupart de ceux qui le disent!

Erreur de la part de ceux qui le croient, comme le démontrait si bien, au *Triduum* de Clermont-Ferrand, l'éminent recteur de l'Université catholique de Paris, Mgr d'Hulst.

« Nos ennemis, disait-il, n'effaceront pas l'histoire. L'Église a toujours lutté contre l'ignorance et la barbarie. C'est pour elle une nécessité d'existence. Pour imposer son autorité, sa morale, sa discipline, elle n'a d'autre ressource que d'instruire. Pour donner à l'homme toute une philosophie, tout un système de doctrine embrassant Dieu, le monde, l'homme, la vie présente, la vie future, elle n'a qu'un seul moyen : l'école.

« Aussi, de tous les temps, le zèle de l'Église pour les écoles populaires s'est-il hautement manifesté.

« A une époque où, dans notre France, les pouvoirs publics avaient le regard tourné du seul côté de la force, négligeant et méprisant toute autre culture que celle des armes, l'Église s'occupait des intelligences et des âmes. Aux écoles palatines créées par Charlemagne avaient succédé les écoles épiscopales et les écoles monastiques. Les princes de l'Église dont un historien protestant a dit qu'ils avaient fait la France comme les abeilles leur miel, s'intéressaient au peuple; et leurs écoles, bâties à côté des presbytères ou de leurs palais épiscopaux, lui donnaient une nourriture que l'État ne songeait pas à lui dispenser.

« A mesure que l'histoire pénètre plus avant dans les siècles du passé dont elle n'avait, jusqu'alors, qu'effleuré la surface, elle acquiert la conviction, chaque jour plus profonde, que le monopole de l'Église, en matière d'enseignement, lui venait non d'un égoïsme jaloux mais de la négligence des séculiers.

« Lorsque la Renaissance, en apportant à l'Europe les trésors littéraires de l'antiquité païenne, donna aux études un nouvel aliment et un nouvel élan, sa sphère d'action ne s'étendit pas au-delà d'un cercle restreint. Au peuple, elle n'apporta rien. L'un de ses plus brillants admirateurs écrivait : « *le peuple n'a pas besoin* « *d'instruction. Au peuple il ne faut qu'un aiguillon et du* « *foin* (1). »

(1) Voltaire.

« Pendant ce temps, l'Église continuait son œuvre d'institutrice du peuple. Et dans l'application des méthodes qui ont constitué l'enseignement pédagogique, elle fut la première à en sentir le besoin et à en provoquer l'organisation. . »

Son enseignement était gratuit.

Mais l'Église ne pouvait pourvoir à tout et partout : les ouvriers manquaient à son œuvre de prédilection.

Un homme vint alors ou, plutôt, fut suscité par Dieu : Jean-Baptiste de la Salle, qui s'imposa la mission et la remplit de remédier à l'insuffisance numérique des instituteurs chrétiens et de créer comme une pépinière, destinée à devenir inépuisable, de maîtres qui instruiraient les enfants du peuple et leur apprendraient, en même temps, à bien vivre.

Et dans l'acte fondamental qui donna un corps à sa pensée et la réalité à son grandiose projet, il fit profession de tenir les écoles *gratuitement*.

Voilà donc authentiquement fondée au dix-septième siècle, la *gratuité* que l'Église pratiquait déjà depuis longtemps dans ses écoles, qui éclairaient de points lumineux la nuit sombre du Moyen Age.

Quant à l'*obligation*, autre prétendue invention de notre temps, elle n'est pas moins ancienne que la gratuité. Elle n'était pas, il est vrai, libellée en articles de loi menaçant d'amende et de prison ; elle n'était pas tyrannique et oppressive, comme l'importation prussienne que se sont appropriée, en la démarquant, les législateurs de nos jours ; mais elle existait.

Ainsi que le rappelait Mgr Germain aux fêtes de Saint-Sulpice, le devoir pour les parents de faire instruire leurs enfants était écrit avec tous leurs autres devoirs sur les tables du Décalogue. Depuis longtemps, l'Église le prêchait du haut de ses chaires et en poursuivait l'accomplissement sans reculer jamais, pour sa part, devant les sacrifices.

Et Jean-Baptiste de la Salle, en fondant son merveilleux Institut, fit plus que personne au monde pour assurer aux enfants le droit à l'instruction et faciliter aux familles l'observance du devoir religieux et civil qui leur incombait de ce chef.

Et la *laïcité?*

Est-ce que l'Église, à aucune époque de son histoire, s'est montrée hostile aux écoles et aux instituteurs laïques?

Est-ce qu'elle a voulu, avant ou depuis le XIXe siècle, monopoliser l'enseignement à son profit? Est-ce qu'elle a tenté d'en exclure ceux ou celles qui ne portaient pas l'habit religieux, — ou les a-t-elle seulement frappés de suspicion?

Jamais. Elle les a encouragés, au contraire : elle les a soutenus, les considérant comme des auxiliaires, comme des ouvriers de son œuvre d'émancipation et de lumière.

Aussi, Jean-Baptiste de la Salle, tout en multipliant ses noviciats le plus qu'il pouvait, entrevoyait-il, avec sa prescience de l'avenir, qu'il n'y aurait jamais trop d'écoles et jamais assez de maîtres, de maîtres travaillant à leur emploi « non pas en mercenaires, regardant cet « office comme un chétif métier, inventé pour avoir du « pain. »

De la conception à l'exécution, il n'y avait jamais loin, dans la dévorante activité du Bienheureux; et, en l'an 1700, il créa la première école normale pour les *laïcs* qui se destinaient à la carrière de l'enseignement.

Précédemment déjà, aux premiers temps de l'Institut, et manquant de Frères pour répondre aux demandes qui lui étaient faites par la famille de Guise, il avait fondé un établissement du même genre, mais de proportions très réduites sur les confins du Rethelois et du Laonnais.

Le Fondateur de l'Institut des Frères et les Frères de cet Institut étaient si peu hostiles à l'enseignement laïque qu'ils se prêtaient de bon cœur à former le personnel de cet enseignement, avec le dévouement le plus fraternel, avec le libéralisme le plus désintéressé et le plus sincère.

A cette époque, il est vrai, les mots français avaient encore leur signification : la laïcité n'était alors qu'une question de nom et de costume. On a, depuis et de nos jours surtout, hypocritement dénaturé et étendu le sens de l'expression, pour l'appliquer au fonds même de l'enseignement, pour arriver à ce qu'on a appelé la neutralité religieuse de l'école, — moyen subreptice de créer l'école sans religion et sans Dieu, donnant plutôt l'enseignement contre la religion et contre Dieu.

Tout a été dit à cet sujet; mais il était bon d'y arrêter un instant la pensée pour rappeler que si l'immense concours de fidèles remarqué dans les églises, aux fêtes qui ont suivi la béatification de Jean-Baptiste de la Salle, était un hommage reconnaissant rendu au fondateur de la gratuité de l'enseignement, à l'apôtre convaincu de l'obligation par la persuasion, au véritable créateur de l'enseignement primaire, de l'enseignement professionnel, des classes du soir et même des secours aux blessés, — tout cela est l'œuvre incontestable et incontestée du Bienheureux, — ce concours de fidèles avait un autre et principal objet.

C'était l'affirmation par la grande et meilleure partie du peuple qu'elle entendait maintenir et exercer ses droits souverains à la libre disposition de l'âme de ses enfants, en les confiant aux Frères de Jean-Baptiste de la Salle, maîtres habiles en toute science et éducateurs chrétiens, capables entre tous, à ce double titre, de former des fils respectueux et soumis aux familles et de bons et dévoués serviteurs au pays.

IV

Et, pour résumer les causes multiples qui amenaient les multitudes aux pieds des autels sur lesquels se dressait, embaumée de fleurs et baignée de lumières, la statue du Bienheureux, c'est que l'âme de ces multitudes vibrait à l'unisson de l'âme de Monseigneur Germain, lorsqu'il s'écriait « avec une force et un cœur d'Évêque » (1)

« *Non, n'enlevez pas Dieu à l'individu! sinon, il devient* « *la proie des ténèbres, de la faiblesse, du malheur et de la* « *honte.*

« *N'enlevez pas Dieu à la famille! sinon, vous enlevez à* « *l'autorité paternelle sa couronne, à la fidélité conjugale sa* « *consécration et son rempart, à l'enfant sa protection et* « *son appui.*

« *N'enlevez pas Dieu au commerce et à l'industrie! sinon,* « *vous leur enlevez la vraie garantie de la probité, de l'hon-* « *neur, et vous ouvrez toutes grandes les portes de la* « *fraude.*

« *N'enlevez pas Dieu à l'ouvrier! sinon, il ne se résignera* « *pas à son sort, il n'acceptera pas de verser ses sueurs au* « *profit d'un autre.*

« *N'enlevez pas Dieu à nos armées! sinon, vous leur* « *enlevez cette force morale qui, plus que toute autre, fait* « *les héros et gagne les batailles.*

(1) Panégyrique prononcé à Saint-Sulpice le 13 mars 1888.

« N'enlevez pas Dieu à la magistrature ! sinon, vous « livrez aux mains des hommes votre fortune, votre réputa- « tion, votre vie même.

« N'enlevez pas Dieu à la société ! sinon, vous arrachez « les bases de la moralité publique, les bases de la propriété.

« Pour vous, ô Bienheureux, à l'œuvre ! Formez, formez « des hommes qui posent dans l'âme de l'enfant le fonde- « ment sans lequel on ne peut rien édifier, Dieu ; qui élèvent « au-dessus de ce fondement la foi, le devoir, le patriotisme, « toutes les vertus qui font le chrétien.

. . . .

« O bienheureux de la Salle ! gardez-nous une jeunesse « chrétienne ! gardez à cette jeunesse des maîtres chrétiens ! « gardez-nous vos admirables Frères ! En nous gardant « cette jeunesse, en nous gardant ces maîtres et ces Frères, « gardez-nous une France forte, une France prospère, une « France respectée, une France fidèle à son Dieu, une France « dont on puisse dire toujours : L'esprit religieux n'est pas « mort en elle, l'esprit religieux y soulèvera des montagnes, « il y fera des miracles ! Fiat ! Fiat ! »

. . . .

Telles sont les pensées qui conduisaient, en longues et innombrables files, les familles chrétiennes vers les églises où des offices étaient célébrés en l'honneur de Jean-Baptiste de la Salle, — dans toutes les métropoles de France, à l'étranger, à Constantinople, à Jérusalem, partout.

Et les mêmes pensées animaient certainement et notamment la population mancelle, qui, du matin au soir des deux journées du 22 et du 23 juillet dernier, emplissait de ses flots pressés l'église Saint-Benoît, malheureusement trop étroite, et la Cathédrale de Saint-Julien, heureusement assez vaste, mais qui a failli se trouver insuffisante, malgré ses immenses proportions.

Ces belles fêtes des 22 et 23 juillet ont été dignes sous tous les rapports, de celui qu'il s'agissait d'honorer.

En voici la description :

V

Il faut dire, en tête de ce récit descriptif, où plutôt il faut répéter bien haut que les fêtes du Mans, en l'honneur du Bienheureux Jean-Baptiste de la Salle, ont été superbes, — superbes, aussi, l'empressement et l'attitude de la population de cette ville distinguée et chrétienne.

C'est que la ville du Mans sait qu'elle doit beaucoup au Fondateur de l'Institut des Frères des Écoles chrétiennes, dont les disciples, installés chez elle depuis 1819, s'y sont concilié d'à peu près universelles sympathies, en se créant les titres les plus sérieux à la reconnaissance de la cité et des familles.

Venus trois, d'abord, pour tenir une pauvre école dans le plus triste quartier de la ville, ils sont trente aujourd'hui et forcés de s'adjoindre des collaborateurs laïques pour diriger une école communale, la plus fréquentée de toutes, deux écoles libres gratuites et un externat-pensionnat, installés dans des locaux spécialement construits pour cette destination.

Ce sont les Frères qui ont introduit au Mans l'enseignement supérieur le plus varié et le plus complet, avant qu'il en fût question dans les programmes officiels. Ils ont fait arriver leurs élèves aux premières places dans tous les concours, ils leur ont ouvert l'entrée des carrières les plus lucratives ; et par la solidité de l'instruction donnée, en même temps que par l'excellence de l'éducation, ils les ont en quelque sorte imposés aux préférences et à la confiance des chefs d'administration et d'industrie.

Ils ont créé des patronages qui suivent les élèves à la sortie des classes, des sociétés et des cercles qui les réunissent et entretiennent chez eux l'esprit de solidarité et de fraternité chrétiennes, — et, leur fournissent au besoin, un appui matériel et moral, pour vaincre les difficultés de la vie.

Les différentes écoles des Frères comptent actuellement de 11 à 1,200 élèves et les maîtres chrétiens d'aujourd'hui ont la joie de recevoir dans leurs beaux et vastes établissements de nombreux arrière-petits-fils de ceux à qui leurs premiers prédécesseurs ici ont enseigné l'A B C et le catéchisme.

. Les fêtes organisées pour célébrer la Béatification du Fondateur ne pouvaient donc manquer d'être remarquables entre celles qui ont été le plus remarquées ailleurs.

Différentes circonstances avaient forcé de les retarder jusqu'au mois de juillet, et il avait été question de leur consacrer un *Triduum*, comme dans certains diocèses, mais il n'a pu être donné suite à ce projet, pour plusieurs raisons dont une, notamment, est qu'il aurait fallu renoncer à la présence de près de 500 élèves de l'école communale, que les règlements universitaires ne permettaient pas de tenir fermée, trois jours durant.

Il fut donc résolu que deux journées seulement, celle de dimanche 22 juillet et celle du lundi 23 seraient affectées à ces fêtes, le premier jour en l'église paroissiale Saint-Benoît, et le second jour en la métropole de Saint-Julien.

L'autorité académique voulut bien permettre la fermeture de l'école communale le lundi 23 juillet, à la condition que les classes de ce jour fussent reportées au jeudi.

De la sorte, tous les enfants purent s'associer aux solennités auxquelles il eut été pénible d'avoir à constater des absences.

Depuis plusieurs semaines, de grands préparatifs étaient faits. Tout le monde était à l'œuvre pour arriver à temps et bien faire. Tout le monde y mettait du sien, s'improvisant tapissier, décorateur, fournissant matériaux et main-d'œuvre.

La laine, la soie, la mousseline se taillaient en bannières et en oriflammes que des artistes enluminaient d'attributs et d'inscriptions; les écussons armoriés s'empilaient à côté des cartouches commémoratifs. Les choristes et les musiciens répétaient à l'envi.

Et les familles préparaient les toilettes des grands jours pour ces deux jours qui furent véritablement grands et mémorables.

Première journée — A Saint-Benoît.

Saint Benoît est une pauvre vieille église, presque enclavée dans les étroites et sombres maisons d'un des plus humbles quartiers de la ville. Mais les Frères aiment particulièrement Saint-Benoît, dont le clergé, de son côté, aime beaucoup les Frères.

C'est d'ailleurs sur la circonscription de cette paroisse que se trouve leur principal établissement : l'école, encore communale, de la rue de la Juiverie, qui ne compte guère moins de 500 élèves, et dont le cours supérieur n'a jamais assez de places pour les jeunes gens qui y affluent des points les plus opposés et les plus éloignés de la ville.

La vieille paroisse était donc indiquée pour la célébration d'une partie des fêtes auxquelles étaient conviés les amis des Frères, c'est-à-dire une partie de la ville, — et non la moindre.

Des invitations avaient été lancées au nom des Frères, au nom de la Société d'Encouragement, recrutée parmi les anciens élèves, et en celui des membres de l'infatigable Comité des Écoles libres.

Ces invitations auraient plus que suffi à remplir l'église ; mais beaucoup étaient encore là, beaucoup qui n'avaient point été appelés, et avaient répondu à la seule invitation du souvenir, de la reconnaissance, — du cœur.

Ils étaient nombreux, — et l'église bien petite. Aussi, plus d'un fut-il réduit à se rappeler tristement le « *Multi vocati, pauci electi.* »

La journée, heureusement, comportait quatre exercices, de sorte que chacun put un peu assister à l'un ou à l'autre et se retirer content.

Elle s'était faite méconnaissable, la vieille et pauvre église ; elle avait déployé un luxe qu'elle ne peut même toujours se permettre pour les plus solennels offices de l'année. Pavoisée comme une corvette, le jour de la Sainte-Barbe, elle avait fleuri et illuminé ses autels avec une profusion qui impressionnait les âmes autant qu'elle charmait les yeux.

Du haut des piliers et des voussoirs descendaient de nombreuses et brillantes bannières, de chatoyantes et légères oriflammes sur l'étoffe desquelles se détachaient, en lettres d'or, les textes des huit béatitudes, des passages caractéristiques des saintes Écritures, des inscriptions commémoratives, et quelques articles fondamentaux de la constitution donnée par le Bienheureux de la Salle à l'Institut des Frères des Écoles chrétiennes.

Une de ces inscriptions, qui, sans être la plus en vue,

était cependant des plus lues et des plus commentées, reproduisait le précepte suivant des règles établies par le Bienheureux.

ILS

TÉMOIGNERONT MÊME

UNE

AFFECTION PLUS GRANDE

POUR

LES

PAUVRES

QUE

POUR

LES RICHES

Des préceptes du maître, celui là n'est pas le moins religieusement suivi par ses disciples.

Entre les bannières et les oriflammes, au-dessus ou au-dessous, était disposée une série d'écussons et de cartouches, du meilleur goût, les uns aux armes de la famille de la Salle et de l'Institut des Frères, — une étoile d'argent sur fonds d'azur, et l'exergue : « *Signum Fidei* », — et les autres indiquant les dates notables de la vie du Fondateur, ou mentionnant les évènements marquants de sa propre existence et de celle de l'Institut.

A gauche du maître-autel et à l'angle de la chapelle latérale, la statue du Bienheureux émergeait d'un buisson de fleurs qui se continuait en une niche embaumée et encadrée de lumières.

Toutes les personnes qui ont visité l'église ou assisté aux différents offices de la journée, ont stationné ou prié devant cette statue.

Dès sept heures du matin, les élèves des Frères assistaient à une messe de communion, à laquelle un grand nombre de familles avaient tenu à accompagner leurs enfants.

A cette messe, M. l'abbé Chaignon, curé de la paroisse, a prononcé un premier et bref panégyrique du Bienheureux, dans une allocution dont la concision contrastait avec l'abondance. Dans les limites restreintes qu'il s'était imposées, le nouveau curé de Saint-Benoît a très heureusement saisi ce qui, dans la vie si remplie et si féconde de J.-B. de la Salle, était plus particulièrement de nature à intéresser et à frapper l'auditoire auquel il s'adressait.

A dix heures, l'église s'emplissait de nouveau pour la grand'messe que M. le Vicaire général Outin, ancien curé de la paroisse, profondément dévoué aux Frères et à leurs élèves, avait tenu à venir célébrer lui-même à cet autel autour duquel il était si heureux de les voir réunis autour de lui.

La messe choisie était celle de Dumont, dont un critique autorisé a dit : « Une belle musique, simple, claire, « vivante, une musique qui chante et qui prie. »

Toutes les beautés de l'œuvre de Dumont ont trouvé d'intelligents interprètes dans les chœurs formés des élèves du cours supérieur et dans un orchestre symphonique composé d'artistes et d'amateurs de la ville, parmi lesquels, en regrettant de ne pouvoir se rappeler tous les noms, il convient de mentionner MM. Séguin, Lestringuant et Quid'beuf.

Chœurs et orchestre étaient dirigés, magistralement dirigés, par un Français de la Lorraine, le sympathique M. Langer, musicien consommé, virtuose distingué, possédant en un mot et sachant tout ce que doit posséder et savoir un bon maître de chapelle.

Madame et Mademoiselle Gabry, dont le concours est acquis à toutes les solennités religieuses, ont « éloquemment » chanté l'*O Salutaris* et l'*Ave Maria;* et un artiste amateur, M. P..., a supérieurement joué sur le violoncelle, au moment de l'Élévation, un morceau empreint du sentiment religieux le plus profond et le plus pur.

Amie de tous les arts, l'Église les convie volontiers à ses fêtes, où les artistes sont les bienvenus. Ceux dont on vient de lire les noms et ceux qu'une défaillance de mémoire force d'omettre, ont vaillamment contribué à l'éclat des cérémonies de Saint-Benoît.

M. le Vicaire général Outin a voulu présider les Vêpres, comme il avait voulu officier à la messe du matin. L'affluence y était toujours considérable, et plus considérable encore le soir, à sept heures, pour le Salut solennel que devait précéder le panégyrique du Bienheureux, prononcé par M. l'abbé Lecorneux, vicaire de la Cathédrale.

Il a fallu des volumes et il faudrait plusieurs discours pour raconter — en élaguant bien des détails — la vie de Jean-Baptiste de la Salle, pour le suivre dans la conception de son œuvre, pour le montrer luttant, persécuté et luttant encore, luttant toujours, et mourant presque comme Moïse mourut, en vue de la terre promise, — pour dégager enfin et exposer tous les enseignements qui ressortent de cette vie, trop tôt terminée, hélas! et qui suffit pourtant à l'immense labeur dont tous les peuples chrétiens recueillent aujourd'hui les fruits.

Mais M. l'abbé Lecorneux possédait si bien son sujet, il l'avait si profondément étudié et creusé qu'il en était comme sursaturé; et dans un temps relativement très court, trop court pour ceux qui l'écoutaient, il a réussi à peindre fidèlement l'homme et son caractère, à initier l'auditoire à ses pensées et ses actes, à montrer la gestation, l'enfantement laborieux et les développements d'abord pénibles de son œuvre, à dire et à bien dire tout ce qui devait être dit et sur cet homme et sur cette œuvre inébranlablement assise aujourd'hui dans les cinq parties du monde.

Ceux qui seraient entrés à Saint-Benoît, le 22 juillet, sans avoir jamais entendu parler de Jean-Baptiste de la Salle, en seraient sortis ses admirateurs, après avoir entendu M. l'abbé Lecorneux.

Le chant de l'*Iste confessor* a suivi la remarquable allocution de M. l'abbé Lecorneux et précédé, avec le *Magnificat*, la bénédiction du Très Saint Sacrement.

Aux différents exercices de la journée, les élèves des Frères ont chanté, du fond du cœur, on le sentait, et avec une *furia* sagement tempérée un cantique et une cantate en l'honneur du Bienheureux.

La dernière strophe terminée, le soir, l'assistance s'est retirée, heureuse de sa journée, — et beaucoup se donnant rendez-vous pour le lendemain, à la Cathédrale.

Deuxième journée — A la Cathédrale.

Magnifique journée hier, splendide lendemain aujourd'hui, bien que le ciel se soit voilé de gros nuages sombres, qui se déchirent trop fréquemment, pour répandre sur la ville des pluies quasi diluviennes.

Ces ondées, ces rafflales vont gâter la fête, pourraient dire des timorés.

Non! la fête n'en sera que plus belle, parce que les raffales et les ondées n'arrêteront personne, ne refroidi ront aucun zèle, ne détourneront aucune fidélité du chemin de la Cathédrale.

Historiographe improvisé, celui qui écrit ces lignes, — un ancien élève des Frères, — s'y rend dès la première heure pour tout voir à son aise et tout noter, avant l'arrivée du public, aux offices annoncés.

Malgré l'heure matinale, beaucoup de monde déjà dans l'immense édifice : ceux sans doute à qui le labeur quotidien et nécessaire ou tout autre devoir ne permettront pas de s'associer aux solennités de la journée. Beaucoup de militaires surtout, artilleurs et fantassins, curieux d'une bonne et saine curiosité, graves et recueillis, lisant et se montrant les uns aux autres les inscriptions qui décorent les bannières et les écussons, les commentant et échangeant leurs impressions. Ces soldats, venus là dépenser leur court loisir du matin, sont probablement d'anciens élèves des Frères ; la décence de leur maintien et leur bonne tenue l'indiquent suffisamment.

La présence de ces militaires, qu'il n'était pas permis de passer sous silence, force le narrateur à ouvrir une parenthèse anecdotique, que n'interdit pas la gravité du sujet.

Un maréchal des logis et deux brigadiers d'artillerie, prêts à sortir de la Cathédrale, causaient discrètement sous l'orgue.

Un particulier, qui se trouvait près d'eux, ne jugea pas inconvenant d'intervenir dans cette conversation et il s'y mêla en disant au maréchal des logis :

— En voilà des frais pour le général des Ignorantins !

— Un vrai général, en effet, répondit le sous-officier ; mais pourquoi appelez-vous ses soldats des Ignorantins ?

— Mais parce que c'est l'habitude, balbutia l'homme.

— C'est possible, mais une habitude en explique une autre et il faudrait savoir comprendre. Autrefois, dans l'armée, on appelait « *Mayençais* ». les combattants de Mayence. Aujourd'hui, on appelle les « *Tonkinois* », ceux qui se sont battus au Tonkin et s'en sont rendu maîtres. Et au dix-septième siècle, les Frères étaient appelés les « *Ignorantins* », parce qu'ils combattaient l'ignorance et la chassaient des pays où ils s'installaient.

Le particulier, un peu surpris de la fermeté calme avec laquelle lui parlait le maréchal des logis et de la conviction contenue qui vibrait dans ses paroles prononcées à mi-voix, s'esquiva en murmurant le « *Peut-être bien* » avec lequel certains manceaux se tirent d'affaire, lorsqu'ils ne veulent pas s'avouer franchements battus.

Fermons la parenthèse, et arrivons à la description des splendeurs de la Cathédrale.

Un véritable éblouissement !

Partout, au pourtour intérieur et extérieur du chœur, dans les bras du transept, dans la haute et les basses nefs, partout des retombées de bannières et de gracieuses envolées d'oriflammes, dont les nuances se fondent harmonieusement ou forment les plus heureux contrastes.

Partout le scintillement des dorures sur les étoffes multicolores et les écussons artistement décorés d'emblêmes et d'inscriptions.

Sur les murs latéraux, les vieilles et magnifiques tapisseries, une des gloires et une des richesses du trésor de Saint-Julien. Au-dessus de ces tapisseries, de longues bandes de pourpre, bordées et frangées d'or, sur lesquelles on lit, en lettres d'or également,

D'un côté :

Qui docti fuerunt fulgebunt quasi splendor firmamenti; et qui ad justitiam erudierunt multos quasi stellæ in perpetuas æternitates.

En face :

Qui susceperit unum parvulum in nomine meo, susceperit me. — Sinite parvulos venire ad me et nolite eos prohibere ad me venire.

Sur les bannières et les oriflammes sont reproduits, comme à Saint-Benoît, les textes des huit béatitudes, des versets trouvant leur application dans les solennités du jour, les recommandations du Bienheureux à ses Frères, etc., etc.

Sur les écussons, la chronologie abrégée de la vie de J.-B. de la Salle et la statistique géographique et numérique de l'Institut.

Les dates principales sont les suivantes :

30 avril 1651. — *Naissance du Bienheureux.*

11 mars 1662. — *Première tonsure.*

9 avril 1670. — *Ordination.*

24 juin 1681. — *Fondation de l'Institut des Frères.*

1700. — *Fondation de la première école normale laïque.*

7 avril 1719. — *Mort du serviteur de Dieu.*

8 mai 1840. — *Collation du titre de Vénérable.*

27 novembre 1887. — *Admission à la Béatification.*

19 février 1888. — *Proclamation de la Béatification.*

Sur les tentures rouges bordées d'hermine qui courent, de pilier en pilier, le long de la grande nef, sont apposées des banderolles portant le nom des Supérieurs généraux de l'Institut depuis et y compris le bienheureux Fondateur jusqu'au dépositaire actuel de l'autorité supérieure :

Ces noms, trop peu connus, méritent de trouver place ici.

Les voici, suivant l'ordre chronologique :

1680—1717 — Le Bienheureux J.-B. de la Salle (1).

1717—1720 — Frère Barthélemy.

1720—1751 — Frère Timothée.

1751—1767 — Frère Claude.

1767—1797 — Frère Agathon, emprisonné pendant la Révolution.

(1) Le Bienheureux, malgré l'affectueuse et obstinée résistance des Frères, avait absolument voulu se démettre de la direction de l'Institut, un peu moins de deux ans avant sa mort.

1795—1810 — Le frère Frumence exerce l'autorité avec le titre de vicaire général.

1810—1822 — Frère Gerbaud.

1822—1830 — Frère Guillaume de Jésus.

1830—1838 — Frère Anaclet.

1838—1874 — Frère Philippe.

1874—1875 — Frère Jean Olympe.

1875—1884 — Frère Irlide.

1884— — Frère Joseph.

Deux écussons placés à gauche et à droite du chœur indiquaient les principaux pays, étrangers ou hors d'Europe, où l'Institut des Frères possède des établissements, savoir :

Indes ; — États-Unis d'Amérique ; — Canada ; — Califormie ; — Nouveau-Mexique : — Chili ; — Madagascar ; — Chine ; — Équateur ; — Bolivie ; — Autriche ; — Ile Bourbon ; — Espagne ; — Jérusalem, etc.

Une autre série de 27 écussons entrait dans les détails de cette énumération géographique et indiquait, pour autant d'États distincts, le nombre des Frères employés dans chacun d'eux, le nombre des écoles et des classes qu'ils dirigent et celui des élèves qu'ils instruisent.

Ces écussons étaient encadrés de bordures de gaze, aux couleurs des pays qu'ils concernaient ; et l'un d'eux, plus que tous les autres, attirait le regard. Son encadrement était de crêpe noir, avec un long et large nœud retombant.

A première vue et à distance, chacun se demandait : « Quel est donc ce pays qui arbore un drapeau noir ? »

Puis on approchait curieusement pour lire ; et bientôt on s'arrêtait. ému, devant le cadre à la bordure de deuil, en y lisant :

ALSACE-LORRAINE

10 FRÈRES

2 ÉCOLES

400 ÉLÈVES

. . . .

Touchant souvenir ! Amère et poignante réalité ! Plus que dix Frères, — plus que deux écoles tenues par eux, dans notre inoubliable Alsace et notre inoubliée Lorraine !

M. de Bismarck et M. de Mauteuffel savaient bien qu'ils ne feraient jamais de ceux-là des valets de prussiens et des ouvriers de la germanisation.

Mais ceux qu'ils ont chassés avaient formé des Français, avant de partir, des Français qui se rappelleront et apprendront à leurs enfants à se souvenir.

Car il faut qu'on le sache bien ; lorsque les Frères sont réduits à quitter un pays, c'est que le drapeau tricolore est forcé de s'en retirer lui-même, — ce drapeau qu'ils ont planté les premiers sur plus d'un lointain rivage, où ils sont seuls à le défendre, en le faisant aimer et respecter avec leurs armes pacifiques : la Croix et le livre.

Arrachons-nous à l'émotion dont nous n'avons pu retenir l'expression ; arrachons-nous aux pénibles souvenirs et aux regrets pour transcrire — ce sera une consolation et comme un avant goût de revanche, — le triomphal dénombrement dont les chiffres resplendissaient sur les piliers de Saint-Julien.

Le voici, présenté sous forme de tableau, pour ménager l'espace, qui diminінue :

ÉTATS	Nombre de Frères.	Nombre d'Écoles.	Nombre d'Élèves.
Alsace-Lorraine	10	2	400
Irlande	45	5	2.000
Prusse	25	2	450
Égypte	145	10	2.500
Chine	15	3	800
Turquie d'Europe et Grèce	50	8	500
Italie	150	25	3.000
Indoustan	12	2	800
États-Unis	750	120	35.000
Canada	400	50	15.000
Tunisie et Tripoli	25	6	1.200
Palestine	45	10	1.500
Angleterre	84	4	2.000
Nouveau-Mexique	42	7	2.000
Malabar	35	5	1.200
Suisse	15	3	400
France	11.600	1.300	230.000
Birmanie	30	5	1.500
Californie	110	10	2.000
Jersey	7	1	250
Équateur	80	10	4.000
Belgique	700	120	25.000
Autriche	125	7	1 500
Turquie-d'Asie et Perse	120	15	3.000
Chili	30	5	150
États-Romains	220	20	4.000
Allemagne	15	3	800
Espagne et Portugal	150	35	5.000

Au total : 15,135 Frères répandus sur le territoire de 27 États, et y donnant l'enseignement à 345,950 élèves dans 1,793 écoles.

Quels chiffres éloquents! Quelle glorieuse statistique pour l'Institut des Frères des Écoles chrétiennes, — et pour la France, son berceau et sa pépinière.

Notons qu'à sa mort le Fondateur laissait 23 maisons, 274 Frères et 9,885 élèves.

Quel prodigieux accroissement depuis; et comme l'œuvre qui a pris de tels développements était sainte, bonne et utile! Quelle semence et quels laboureurs il a fallu pour préparer si belle récolte!

Et notons encore ceci! c'est que depuis 1880, époque à laquelle les Frères ont commencé à être éliminés des écoles publiques, leur nombre est devenu insuffisant. Après avoir formé une nouvelle légion de plus de 3,000 professeurs, l'Institut n'en peut fournir partout où les pouvoirs publics ou les populations lui demandent d'en envoyer. Il est forcé de s'adjoindre des auxiliaires laïques, dont quatre sont attachés aux écoles libres du Mans.

Notons enfin, — ce dont beaucoup de personnes faisaient la remarque — que la républicaine et vraiment libre et libérale Amérique est le pays du monde, après la France, où les Frères sont plus nombreux, possèdent le plus grand nombre d'écoles et instruisent le plus grand nombre d'élèves.

Bien d'autres particularités seraient à noter encore, mais il faut terminer la description commencée et arriver au compte-rendu des offices de la journée.

Au-dessus du maître-autel, ruisselant de lumières, et comme émergeant de ces flots lumineux était suspendue une peinture à l'huile, de grande dimension, représentant l'apothéose et l'ascension du Bienheureux, porté par des anges, vers le Christ, ouvrant les bras pour le recevoir.

A gauche du chœur, contre la grille, se dressait la statue du Fondateur, de grandeur presque naturelle, ayant à ses pieds un jeune enfant s'exerçant à la lecture sous son œil paternel. La statue était posée sur un socle de verdure, dans un habitacle de fleurs qu'encadraient des cordons de lumière.

VI

Dès le matin, première messe dite plus particulièrement pour les enfants, que le Rév. P. Maurey prépare éloquemment aux offices qui vont suivre, dans une allocution instructive et émouvante, dont la vie, les mérites et les bienfaits du Bienheureux lui ont fourni le texte.

A dix heures, grand'messe pontificale chantée par Monseigneur Labouré, évêque du Mans. Pas une chaise inoccupée et un véritable entassement dans les espaces non garnis de sièges. Parmi l'assistance, on remarque un grand nombre d'ecclésiastiques du diocèse et de membres des ordres religieux d'hommes et de femmes établis au Mans ; toutes ou à peu près toutes les notabilités de la ville ; les membres du Comité des Écoles libres et de la Société d'Encouragement à l'enseignement primaire; le personnel presque complet du Noviciat de Notre-Dame du Rancher, les directeurs de toutes les maisons que possède l'Institut des Frères dans le département de la Sarthe, quelques-uns accompagnés d'une députation de leurs élèves; un certain nombre de directeurs des départements voisins ou leurs représentants, etc., etc., sans parler d'une foule compacte d'hommes et de femmes appartenant à toutes les classes de la société, — foule au sein de laquelle les ouvriers et leurs laborieuses et dignes compagnes sont plus reconnaissables encore à leur attitude recueillie qu'à la modestie de leur toilette.

Les élèves des écoles du Mans sont au grand complet : ceux de l'école primaire et du pensionnat de Notre-Dame du Pré, ceux de Notre-Dame de la Gare ; ceux, plus nombreux encore, de l'école communale de la rue de la Juiverie, qui arrivent précédés de leurs tambours, de leurs clairons et de l'excellente musique des anciens élèves, jouant ses marches les plus joyeuses et les plus entraînantes.

Les Sœurs de Saint-Vincent, celles de Ruillé et d'Évron ont aussi amené une partie de leurs élèves. Elles se rappellent quelle heureuse influence l'œuvre du Bienheureux a exercée sur les Congrégations enseignantes de Femmes. N'a-t-il pas été, dès le début de sa vie militante, le protecteur le plus dévoué et l'appui le plus ferme « *des Filles de l'Enfant-Jésus* ».

De même qu'à Saint-Benoît, les élèves du cours supérieur ont exécuté la messe de Dumont, avec l'adjonction des choristes du Séminaire et de la maîtrise. Le *Kyrie* et l'*Agnus Dei* ont produit un imposant effet, de même que le *Credo*, magnifiquement dit par M. l'abbé Buneau, du diocèse de Sées, d'une voix pénétrante et avec une véritable inspiration. L'*O Salutaris* a été chanté par les chœurs ; et, au moment de l'Élévation, après que les tambours et les clairons eurent battu et sonné « aux champs », MM. Biautte et P... ont fait entendre une religieuse et impressionnante mélodie pour violon et violoncelle, avec accompagnement d'harmonium par M. l'abbé Couillard, directeur de la Psallette.

L'Harmonie des anciens élèves, habilement dirigée par M. Jean, un des artistes et des virtuoses les plus distingués de la ville, a joué plusieurs morceaux choisis avec goût, parfaitement appropriés au caractère de la solennité à laquelle elle prenait part, et très correctement exécutés, sans hésitations, sans faiblesses, sans emportements intempestifs dans le *forte*.

A l'issue de la messe, comme le matin et de même que quelques heures plus tard au Salut, la masse des élèves a entonné la cantate du Bienheureux, accompagnée par la musique instrumentale, sous la direction générale de M. Langer qui, toute la journée, conduisit vaillamment et brillamment les chœurs.

La pluie et les bourrasques qui avaient marqué la matinée semblèrent redoubler d'intensité l'après-midi, mais ne réussirent pas à empêcher une assistance plus nombreuse encore que le matin d'envahir la Cathédrale, un moment trop petite, pour l'office du soir.

Monseigneur présidait la cérémonie.

Après les prières et les invocations usuelles, M. l'abbé Buneau, de sa belle voix si bien timbrée pour faire valoir la majesté du chant religieux, entonna l'hymne *Iste confessor*, qui semble spécialement avoir été écrit pour le Bienheureux qu'on honorait.

« Il a vécu ici bas avec prudence, humilité, pureté ;
« sa vie a été sobre et sans tache ; tant que son âme
« anima son corps mortel. »

Le chant de glorification achevé, le R. P. Le Doré, supérieur général des Eudistes monta en chaire pour prononcer, à son tour, le panégyrique du serviteur de Dieu, Jean-Baptiste de la Salle. Le choix qu'avait fait Monseigneur du R. P. Le Doré pour prêcher la retraite ecclésiastique dit assez haut quel orateur hors pair est le révérend supérieur général des Eudistes, et l'innombrable auditoire de Saint-Julien a pu se convaincre de la réalité et de l'étendue de son talent.

Il a parlé pendant près d'une heure, et ce nous est un bien sincère et bien vif regret de ne pouvoir donner une analyse de son magistral discours. Les belles et excellentes choses qu'il a dites défient, en effet, l'analyse qui, si consciencieuse soit-elle, n'est jamais qu'un pâle et incolore reflet ne rappelant rien de la forme, et presque rien du fonds que, parfois même, elle dénature.

Il faut donc se résigner à un simple et bref résumé dont la brièveté même sera la meilleure qualité, la seule à laquelle il puisse prétendre. Le R. P. Le Doré, en parlant de Jean-Baptiste de la Salle, paraissait avoir été le contemporain du Bienheureux, le témoin de sa vie, le confident de ses pensées, le dépositaire de sa pensée. Aussi l'a-t-il peint de main de maître, avec l'exactitude de la photographie, mais aussi et surtout, avec toutes les ressources du plus habile pinceau et de la plus riche palette. Il a atteint les sommets de la haute éloquence, en trouvant dans la vie de Jean-Baptiste de la Salle la démonstration de la nécessité de la religion et du prêtre dans la société, — et celle de l'enseignement religieux dans l'école. — Il a insisté avec autant de vigueur que de bonheur d'expression sur l'utilité, sur l'opportunité de glorifier le Fondateur des Frères qui avait renoncé à son canonicat, au titre si envié de chanoine de l'illustre chapitre de Reims, véritable pépinière de prélats, de cardinaux et de papes, — qui avait vendu son bien pour en distribuer le prix aux pauvres et s'enchaîner ensuite à une congrégation à peine naissante, par le triple vœu d'obéissance, de chasteté et de pauvreté. — C'est à notre époque surtout qu'il est salutaire de rappeler de pareils exemples, à notre époque impatiente de toute obéissance, prête à toutes les rebellions, et dont la génération poursuit la fortune rapide, sans regarder aux moyens, pour se vautrer dans toutes les jouissances.

Ces accents énergiques ont profondément remué l'auditoire.

Le chant du *Magnificat* et de l'*O Salutaris* par les élèves du cours et du *Tantum ergo*, par M. l'abbé Buneau, ont fait ensuite vibrer les voûtes et Monseigneur a donné la bénédiction épiscopale sous laquelle se sont pieusement inclinées plusieurs milliers de têtes.

Pour clore la cérémonie, le chœur des élèves et la musique instrumentale ont donné une dernière audition de la cantate du Bienheureux dont la statue a vu défiler devant elle une longue procession.

Les quêtes d'usage, aux différents offices de Saint-Benoît et de Saint-Julien ont été faites par Mesdames la comtesse de Saint-Guilhem, Talvande de Mauny, Desgraviers, d'Andigné de Resteau, Vilfeu, Tual et de Grandval.

Le soir, les écoles libres de Notre-Dame du Pré et de Notre-Dame de la Gare étaient brillamment illuminées. Avec une louable prudence, les Frères de l'École communale de la rue de la Juiverie avaient renoncé à suivre cet exemple ; et bien leur en a pris, faut-il le dire.

Un commissaire de police avait reçu l'ordre écrit d'empêcher, et au besoin, de faire éteindre et enlever toute illumination qu'ils auraient cru pouvoir placer aux fenêtres de leur habitation personnelle, située dans le même immeuble que l'école, mais à assez de distance de celle-ci, pour ne pas être confondue avec elle. Il est à remarquer que les bâtiments de la rue de la Juiverie proviennent d'une libéralité généreusement faite à la ville par un évêque du Mans, sous la condition expresse et résolutive qu'ils demeureront affectés à l'usage des Frères et à la tenue d'une école chrétienne.

Ce petit détail n'est pas, d'ailleurs, d'importance méritant qu'on s'y arrête plus qu'à un âtome de poussière traversant l'horizon le soir d'un beau jour.

VII

Telles ont été les fêtes religieuses célébrées au Mans avec le concours si édifiant d'une portion considérable de la population mancelle, à l'occasion et en l'honneur de la Béatification de Jean-Baptiste de la Salle, fondateur de l'Institut des Frères des Écoles chrétiennes dont trente membres résident et enseignent en cette ville.

Louée soit cette population d'avoir rendu ces hommages au doux et humble prêtre, qui renonça aux dignités ecclésiastiques capables de lui ouvrir les portes de l'Épiscopat, et peut-être d'appeler la pourpre cardinalice sur ses épaules, — au gentilhomme bien né et riche qui se fit volontairement pauvre pour se rapprocher du peuple, pour le servir en instruisant ses enfants voués à l'ignorance et à tous les maux qu'elle entraîne, et en préparant, pour les générations futures, ces légions d'instituteurs émérites dont les premiers fondaient avec lui, il y a deux cents ans, la gratuité de l'instruction, et trouvaient le moyen d'en rendre possible l'obligation naturelle et religieuse par la création des méthodes, universellement adoptées aujourd'hui, de l'enseignement simultané.

Il y a eu, au Mans, comme un plébiscite, ratifiant par surcroît, si besoin était, le décret de Béatification dans le préambule duquel S. S. Léon XIII, dépositaire et souverain dispensateur de la souveraine vérité proclamait que l'œuvre de Jean-Baptiste de la Salle « AVAIT PROCURÉ « D'INNOMBRABLES BIENFAITS A LA RÉPUBLIQUE CHRÉTIENNE « ET A LA SOCIÉTÉ CIVILE. »

Louée encore soit la population qui a si noblement prouvé que son cœur n'était pas au-dessous de sa réputation d'intelligence.

Et maintenant, pour finir, longue et croissante prospérité aux établissements des Frères du Mans, dont certaines persécutious n'ont contribué qu'à constater et à fortifier la vitalité.

Un avenir prochain peut réserver à l'un d'eux des épreuves nouvelles, attendues même, mais il les supportera avec la résignation sereine que donne la confiance dans la force du droit éternel, dans la justice et dans la liberté dont les éclipses peuvent être totales, sans cesser d'être passagères. Il sortira triomphant de ces épreuves, avec l'aide de Dieu et par l'intercession du Bienheureux de la Salle.

Car tout mal a son terme ici-bas, et il n'est pas rare que la persécution fatigue et use plus vite les persécuteurs que les persécutés.

Tout mal, répétons-le, tout mal a son terme dans la vie des nations. La lumière finit toujours par avoir raison des plus épaisses ténèbres; et, tôt ou tard, les peuples qui savent le mériter voient les images renversées du droit méconnu, de la justice foulée aux pieds, de la liberté violée, se relevant radieuses, vengées et vengeresses, dans les premiers ensoleillements d'une aurore réparatrice.

Sans doute, le lever de cette aurore n'est pas prédit ou prévu à échéance fixe; mais il est certain, et il le faut attendre avec confiance, en travaillant à le hâter. S'il est le secret, il est aussi la promesse de celui qui ne trompe jamais, qui dépose les puissants et exalte les humbles, — et à l'Évangile de qui on a emprunté, pour en faire une enseigne menteuse, cette trilogie sublime : Liberté, Égalité, Fraternité, résumé admirable de la loi nouvelle apportée par lui aux souffrants, aux opprimés, aux asservis, qu'il était descendu consoler, protéger et affranchir.

Et c'était bien là, certainement, la foi et l'espérance de ceux que nous avons vus dans les mémorables journées du 22 et du 23 juillet, se presser si nombreux et si recueillis, aux pieds de la statue du Fondateur des Frères des Écoles chrétiennes, dressée sur les autels de Saint-Benoît et de Saint-Julien.

Leur présence voulait donc dire : *Sursum corda !*

Oui. Haut les cœurs, vers Dieu ! Et avec lui pour la France !

Ces mots pourraient être les derniers de cette dernière page ; mais il manquerait une pierre au modeste, au trop modeste monument que nous avons essayé d'élever au grand serviteur de Dieu et de la Patrie, — la pierre sur laquelle nous écrirons en terminant :

C'est un nouveau service ajouté à tous les services que Jean-Baptiste de la Salle a rendus à son pays, durant sa vie et au-delà du tombeau, que d'avoir fourni l'occasion, en même temps qu'il en était l'objet, de réconfortantes et patriotiques manifestations dont ce récit s'efforce de répercuter et de prolonger l'écho.

Soient donc reconnaissance et gloire à Jean-Baptiste de la Salle, abondance de fruits à son œuvre et paix à ses disciples, dans le présent et dans l'avenir le plus reculé.

Le Mans, 14 août 1888.

Un ancien élève des Frères,

(École de la rue Saint-Benoît, à Paris.)

Le Mans. — Imp. Leguicheux et Cie, rue Marchande, 15

SIGNVM
FIDEI

www.ingramcontent.com/pod-product-compliance
Ingram Content Group UK Ltd.
Pitfield, Milton Keynes, MK11 3LW, UK
UKHW020452180726
13839UKWH00004B/1794